P9-BZV-073

Stettin

Ralf Freyer Wolfgang Knape

FLECHSIG

Umschlag vorne:
Stettiner Schloß.

Seite 1: Hansabrücke und Jakobikirche.
Seite 2: Blick vom Schloßturm nach Westen.
Seite 5: Blick auf die Hakenterrasse.

Bildnachweis:
Farbabbildungen: Ralf Freyer

Schwarzweißaufnahmen:
Seite 1: Verlagsarchiv.
Seite 5, 40, 60 f., 68: J.-G.-Herder-Institut, Marburg.
Seite 9, 13, 16 f., 21, 25, 28, 32, 36, 44, 49, 53, 56,
65, 73, 76: Bildarchiv Foto Marburg.

Sonderausgabe für Flechsig-Buchvertrieb
Genehmigte Lizenzausgabe für Verlagshaus Würzburg GmbH & Co. KG, Würzburg

Originalausgabe: Kraft Verlag, Würzburg
Gesamtherstellung: Egedsa, Sabadell
Printed in Spain 2000
ISBN 3-88189-343-1

INHALT

AUF DER HAKENTERRASSE

Es gibt Plätze, die magnetische Kräfte besitzen. Die rufen und locken, und sie strahlen einen Charme aus, dem man sich nur schwer entziehen kann. Die Stettiner Hakenterrasse ist ein solcher Ort. Wer die Stadt noch aus einer anderen Zeit kennt, dem muß nichts erklärt werden, der vernimmt den Namen, hat ein Bild vor Augen und eine bestimmte Stimmung im Kopf und weiß Bescheid. Und auch jene anderen, die in Stettin vielleicht auf den Spuren ihrer Vorfahren unterwegs sind oder sich einfach nur vorgenommen haben, Pommerns alte Metropole kennenzulernen, werden bei ihren Streifzügen irgendwann hier ankommen, ohne daß man ihnen viel erklären muß; und sie werden schnell herausfinden, was es mit dieser fünfhundert Meter langen, auf einem ehemaligen Wall der Stadtbefestigung angelegten und nach einem hiesigen Oberbürgermeister benannten Anlage auf sich hat.

Das promovierte Stettiner Stadtoberhaupt *Haken* hatte sich um die Jahrhundertwende mit großem Engagement der Stadterneuerung angenommen. Und da *Dr. Haken* fast drei Jahrzehnte im Dienste der aufstrebenden See-, Handels- und Industriestadt stand, prägte er das Antlitz der preußischen Stadt in besonderer Weise. Von Vorteil war, daß durch ein entsprechendes Reichsgesetz auch die »Entfestigung« Stettins beschlossen worden war und – bis auf einige Prunktore und Erinnerungszeichen an diese Festungszeit – große Teile des ehemaligen Schutzgürtels in die Neugestaltung einbezogen werden konnten. Neue Straßen wurden angelegt, eine planmäßige Bebauung setzte ein, und am ehemaligen Fort Leopold entstand die legendäre Terrasse, die in keinem Bildband über Stettin fehlt und zum Pflichtprogramm eines jeden Besuchers gehört.

1907 war die mit zwei repräsentativen Aussichtspavillons, mit Rampen, mit Kandelabern, mit plastischem Schmuck und eben jener atemberaubenden, riesigen Freitreppenanlage vervollständigte Hakenterrasse vollendet. In ihrem Rücken – und gleichermaßen wie ein die Gesamtanlage krönender Abschluß – erhebt sich ein im Stile von Neogotik und niederländischer Renaissance gleichfalls zu Beginn des Jahrhunderts entstandener harmonischer Gebäudekomplex. Dort hatten die wichtigsten Einrichtungen Pommerns ihren Sitz: die Landesregierung, das Finanzamt, die oberste Zollbehörde und die Landesversicherungsanstalt. In der Mitte aber bekam das von Stettiner Bürgern gestiftete Museum seinen Platz, das allein schon durch seinen 54 Meter hohen Kuppelbau und die zentrale Stellung jedermann vor Augen führte, worauf man in Stettin stolz war.

Das Städtische Museum, dessen wertvolle Sammlungen zum Teil in Kiel zu bewundern sind, heißt heute Muzeum Narodowe und ist ein polnisches Nationalmuseum. Im ehemaligen, turmreichen und an ein Dänenschloß erinnernden Regierungsgebäude residiert die Wojewodschaftsverwaltung, während durch die Tore der übrigen Bauten Studenten und Angehörige der Seefahrtsakademie gehen. Zumindest äußerlich scheint – von den neuen Inschriften und anderssprachigen Schildern abgesehen – alles unverändert geblieben zu sein.

Hakenterrasse.
Seite 6/7: Stadtpanorama.
Seite 10/11: Blick über die Hafenanlagen von Stettin auf das Ratspräsidium und das Städtische Museum auf der Hakenterrasse.

Und es ist schon ein Glücksfall, daß gerade diese Prachtbauten an der Hakenterrasse und die auf heutigen Stadtplänen als Wały Chrobrego ausgewiesene Anlage selbst im Krieg nicht zerstört wurden und auch während der Nachkriegszeit unversehrt blieben.

So kann man sich noch heute von der Hakenterrasse her der Nostalgie hingeben, kann, wie einst, den »Gorch-Fock-Blick« genießen, kann den breiten Fluß, auf dem die Fracht- und Ausflugsschiffe hinauf- und hinabziehen, mit den Augen verfolgen und sich am Panorama der weitläufigen Hafenanlagen, aus denen Dutzende von Lastkränen wie ein Schwarm hochbeiniger Heuschrekken herausragen, erfreuen ...

Wer hier oben sitzt und den von der anderen Seite der Oder herüberwehenden Wind im Gesicht, den Geruch von Fischen und Wasser in der Nase und die Sonne über sich hat, der wird sehr schnell ein Gespür bekommen für die Besonderheiten dieser Stadt. Und wer hier einmal zu Hause war und noch ältere Bilder in sich trägt, der wird sich langer Spaziergänge längs des Flusses am Bollwerk und am Dampfschiffsbollwerk erinnern, der wird die im Kriege zerstörte einzigartige Baumbrücke vor sich sehen, auf der sich der Verkehr nach beiden Seiten hin staute, sobald sich ein Lastschiff näherte und der zwischen vier Türmen gelegene mittlere Teil der Brücke hochgeklappt wurde. Und er wird sich noch anderer Bilder

und Erlebnisse erinnern, was an den Ufern eines Flusses immer leichter gelingt, als in einer von neuen Bauten und veränderten Straßenzügen geprägten Stadt.

Solch ein Zwiegespräch auf der Hakenterrasse kann lange dauern, und es wird selbst dann nicht unterbrochen werden, wenn eine Schar aufgeweckter Kinder, die auf dem Wege zur Schiffsanlegestelle ihren Eltern vorauseilt, die Treppen hinunterspringt, am Zentaurendenkmal von Manzel staunend innehält und – polnisch spricht.

ALS BISCHOF OTTO VON BAMBERG DIE ODER BEFUHR

An der Stelle, an der sich heute die Hakenterrasse/Wały Chrobregó befindet, kam im August des Jahres 1124 zu nächtlicher Stunde ein mit Laien, mit Mönchen und einem leibhaftigen Franken besetztes Schiff vorüber, das hinter der nächsten Biegung am Ufer festmachte. Die Männer luden sich ihre geringe Habe auf die Schultern und sprangen an Land. Einer aus der Gruppe, den alle *Otto* nannten und der ein Franke war, hielt dabei einen verzierten Krummstab in der Hand, was ihn als Bischof auswies.

Im Schutze der Dunkelheit suchten die Männer den Weg zur höher liegenden Wendenburg. Dort residierte der pommersche Herzog, und dort konnte man sich in diesen unsicheren Zeiten halbwegs sicher fühlen. Der Bischof befand sich nämlich im Auftrage des polnischen Königs *Boleslaw III.* auf Missionsreise in Pommern. Der Pole hatte die Bedeutung des Christentums für die Entwicklung seines expandierenden Reiches frühzeitig erkannt, und weil seit kurzem auch Pommern zu seinem Einflußbereich gehörte, und es unter der polnischen, zahlenmäßig noch unbedeutenden Geistlichkeit sowohl an missionarischem Eifer als auch an geeigneten Persönlichkeiten für eine Pommernmission fehlte, bat er den Bamberger Bischof, der einige Zeit in Polen verbracht hatte, um Hilfe.

Der Franke *Otto* ließ seine Reise von Papst und Kaiser absegnen und machte sich auf den beschwerlichen Weg durch das heidnische Pommernland. Er redete hier mit den Leuten, predigte dort unter freiem Himmel und überzeugte schließlich nach anfänglichen Schwierigkeiten mehr und mehr Bewohner von den Vorteilen des neuen Glaubens. In Cammin, das wenige Jahrzehnte später Bischofssitz werden sollte und bis zur Reformation insgesamt 32 katholischen Bischöfen als Residenz diente, war er besonders erfolgreich. In Wollin am Haff hingegen wollte ihm rein gar nichts glücken. Die ersten Männer der Stadt weigerten sich hartnäckig und wollten dem Taufritual am Ende nur zustimmen, wenn die Stettiner es ihnen vormachen würden. »Denn deren Stadt«, so wurde *Otto* belehrt, »ist die älteste und vornehmste im Lande der Pommern, und es würde unrecht sein, wenn wir eine neue Religion annehmen wollten, die nicht

St. Jakobikirche, Nordseite.
Seite 14/15: Schloß der Pommernherzöge.

1864
17 36

vorher durch die Stettiner anerkannt worden ist.«

Also bestieg er ein Schiff und brach mit seiner Schar gen Stettin auf. Die Stettiner hörten sich am Tage nach der nächtlichen Landung aufmerksam an, was der Bamberger ihnen vorzuschlagen hatte, sie wogen die heidnischen Vorteile gegen die christlichen Nachteile ab, und als ihnen der polnische König, dem sie sich hatten unterwerfen müssen, erhebliche Erleichterungen für den Fall zuzubilligen versprach, daß sie dem alten Heidentum abschwören würden, gaben sie ihren Widerstand auf und ließen sich taufen.

Der Tempel des Götzen Triglaff nahe der Burg wurde auf Geheiß von Bischof *Otto* niedergerissen und durch eine Kirche ersetzt, die den Namen des Prager Bischofs St. Adalbert erhielt, der drei Jahrzehnte zuvor durch Polen gezogen und von den heidnischen Pruzzen im Memelland erschlagen worden war. Eine zweite Kirche bekam den Namen St. Peter und Paul. Sie existiert noch heute.

Bei so viel bischöflichem Engagement mußte das Jahr 1124 natürlich in die Geschichte eingehen. *Ottos* Stettiner Aufenthalt ist deshalb das erste faßbare Datum in der wechselvollen Geschichte der Stadt.

Die 105 m lange Hansabrücke, eine stählerne Klappbrücke, entstand 1903 und wurde 1945 zerstört. Im Hintergrund steht das Hauptzollamt auf der Lastadie.

Luftbild der Stadt.

Die nächste markante Jahreszahl findet sich auf einer Urkunde vom 3. April 1242 wieder, auf der Herzog *Barnim I.* den Stettinern das Magdeburger Stadtrecht verlieh. Zu diesem Zeitpunkt bestanden neben der Wendensiedlung Kessin längst die von Seefahrern und Kaufleuten sowie von deutschen Handwerkern und zugewanderten deutschen Bauern bewohnten Viertel.

Als erster deutscher Neusiedler wurde anno 1187 der Bamberger Kaufmann *Jakob Beringer* erwähnt. Er war es auch, der den Bau einer deutschen Kirche anregte, die den Namen des Schutzheiligen der Pilger und der Fremden bekam und vom pommerschen Bischof *Siegfried* geweiht wurde. Diese Jakobikirche, die heute das größte Gotteshaus der Stadt ist, wurde zum Mittelpunkt der stetig wachsenden deutschen Gemeinde zu Stettin. Ihr Schicksal ist also aufs engste mit der Entwicklung der einzelnen Viertel zu einer deutschen Stadt verknüpft.

Heute heißt die Jakobikirche Kościół św. Jakuba. Nach Beseitigung der schweren Kriegsschäden wurde sie 1972 als Hauptkirche des Bistums Cammin-Stettin geweiht. Ihr 119 Meter hoher Turm, einst der höchste Kirchturm Pommerns, konnte nicht wieder in voller Höhe aufgebaut werden. Auch die fünfeinhalb Tonnen schwere und 1681 in der Stadt gegossene »Schwedenglocke« mußte aus Rücksicht auf die »inneren« Schäden der Fundamente außerhalb der Kirche in einem mächtigen Balkengerüst aufgehängt werden.

Dem Inneren von St. Jakobi fehlt viel von der alten Pracht. Nicht nur Altar, Kanzel und Orgel wurden Opfer der Zerstörung; auch das alte Gestühl der Ratsherren und Kaufleute und so manches denkwürdige Grab. In den Halterungen der Pfeiler steckende polnische Kirchenfahnen empfangen heute den Eintretenden, und polnisch ist auch die Predigt und sind die Gesänge in der stets gutbesuchten Bischofskirche. Dennoch lohnt es, gerade dieses Backsteinbauwerk aufzusuchen und sich der Anfänge zu erinnern.

Kurier
60

Ein interessantes Detail an der St. Peter- und Paulskirche stellen die ausdrucksstarken Köpfe aus Terrakotta dar, jeweils ein Mann und eine Frau. Diese sehr realistisch und individuell gestalteten Köpfe sind wohl die ältesten plastischen Darstellungen pommerscher Gesichter überhaupt, die uns erhalten geblieben sind.
Links: Die St. Peter- und Paulskirche, die von Bischof Otto von Bamberg 1124 gegründet wurde, dient heute der kleinen, von Rom getrennten nationalpolnisch-katholischen Gemeinde Stettins als Gotteshaus.

VON EINEM VERSCHWUNDENEN WAHRZEICHEN

Stettin kann auch als Spiegel pommerscher Verhältnisse betrachtet werden. Alles, was dem Lande im Verlaufe seiner mehr als achthundertjährigen neueren Geschichte widerfuhr, hat auch das Leben und die Entwicklung dieser Stadt beeinflußt.

Stettin, nach der Teilung Pommerns in die Herzogtümer Pommern-Stettin und Pommern-Demmin ständige Hauptstadt des ersteren, später dann Gesamtpommerns, sah Dänen, Polen und Brandenburger in seinen Mauern und erlebte die Schweden nicht nur als betende protestantische Festungsbauer. Immer wieder wurde die Stadt in Erbstreitigkeiten verwickelt, bis dann die Preußen kamen, und nach ihnen die Franzosen, und nach diesen wieder die Preußen, mit denen Pommern 1871 Seite an Seite Bestandteil des Bismarckreiches wurde. Wie auch das übrige Pommern bekam Stettin zwei Weltkriege zu spüren, und nach dem schon früher verlorenen, aber erst im Frühjahr 1945 zu Ende gegangenen letzten Krieg fand sich die zerstörte Stadt im russisch beherrschten Teil Europas wieder, bekam eine polnische Verwaltung und teilte von da an das Schicksal des hinter Oder und Neiße gelegenen und ehemals von Deutschen bewohnten Landes. Pommern hatte aufgehört zu existieren, und Stettin hatte seine Rolle als pommersche Hauptstadt und Bindeglied zwischen Vor- und Hinterpommern verloren. 1948 zählte man hier nur noch vierhundertundachzig Deutsche. Ein völlig neues Kapitel war damit im Geschichtsbuch der pommerschen Stadt aufgeschlagen worden, die ihrer Lage und ihrer Bauten wegen zu den schönsten und größten Städten Deutschlands zählte und eine Handelsstadt war, deren Namen man weltweit rühmte.

Unterhalb des neogotischen Neuen Rathauses, dem der Besucher der Stadt nicht anmerkt, daß es im letzten Krieg ausgebrannt war, hat heute die Stettiner Seedienstbehörde ihren Sitz. Der 1878 vollendete Backsteinbau, der zur Grünen Schanze hin eine imposante Freitreppe besitzt, wirkt durch seine Größe, durch seine geschickte architektonische Gliederung und durch seinen Schmuck schon beinahe wie ein Schloß.

In der Grünanlage davor, dem früheren Victoria-Platz, wurde 1898 der sogenannte Manzelbrunnen eingeweiht. Von dem Bildhauer *Ludwig Manzel* geschaffen, glich die figurenreiche Anlage einer Charakteristik der See- und Handelsstadt Stettin: Da schiebt eine kraftvolle Gestalt ein Schiff gegen den Strom; im herausragenden Bug sitzt Hermes, der Gott der Kaufleute, der Reisenden und Diebe. Überragt aber wird die Gruppe von der legendären Sedina, der Symbolfigur der Stadt Stettin. Stolz, aufrecht und schön steht sie da, ein Segel auf der Schulter und einen Anker in der Hand. Eine Göttin von der Oder, Schiffahrt, Handel und »Aufschwung Ost« gleichermaßen verkörpernd und damit an eine Periode in der Geschichte der Stadt erinnernd, die durch Stettins Beitritt zur Hanse um 1278 wichtige Impulse empfing.

Manzels Sedinafigur auf dem aus aufgeschichteten Findlingen bestehenden Brunnensockel ist verschwunden. Ein Anker hat

Das Neue Rathaus wurde 1875–1879 am Victoria-Platz errichtet und beherbergt heute eine Seefahrtsschule.
Seite 22/23: Blick über Schloß und Loitzenhof.

ihren Platz eingenommen und erinnert heute an Schiffahrt und Handel, deren Bedeutung für die Stadt Stettin jedoch weitaus größer ist, als dieses etwas trostlos wirkende Seefahrtssymbol und das müde plätschernde Wasser der Brunnenanlage erkennen lassen.

Mit seinem Vorhafen Swinemünde/ Swinoujście zählt Stettin, von dessen Hafenanlagen 1945 lediglich noch zwanzig Prozent existierten, nach wie vor zu den bedeutendsten Ostseehäfen, was jedermann glaubhaft wird, sobald er die Werft, die Docks und die weitläufigen Hafenanlagen von der neuen Hochbrücke aus gesehen hat. Und bei so viel seestädtischer Geschäftigkeit vergißt man natürlich leicht, daß Stettin an der Oder liegt und die Ostsee fünfundsechzig Kilometer entfernt ist ...

HAFENGESCHICHTEN

Auch wenn die Stettiner Schiffahrt eine lange Tradition hatte und nicht wenige gebürtige Stettiner sogar beim Gang über den Roßmarkt ihre seemännische Gangart nicht unterdrücken konnten, der richtige Aufschwung des Seehandels begann erst mit dem Anbruch der preußischen Zeit in Pommern.

Zu Beginn des Jahres 1720 war wieder einmal ein Frieden geschlossen worden, in Stockholm diesmal. Und bei dieser Gelegenheit hatte die schwedische Königin an *Friedrich Wilhelm I.* »in perpetuum die Stadt Stettin mit dem dazu gelegten ganzen Distrikt Landes zwischen der Oder und Peenestrom nebst der Inseln Wollin und Usedom samt den Ausflüssen der Swine und Divenow, dem Haff und der Oder« abgetreten. Der preußische König zahlte, damit es der Schwedin leichter wurde, die ansehnliche Summe von zwei Millionen Talern, was zeigt, wieviel ihm an der Stadt und ihrem Umland lag.

Ein mächtiger Bauboom setzte ein, von der neuen Entwicklung wurden alle Bereiche ergriffen, und Stettin entwickelte sich zu einer wirklichen Königin unter den pommerschen Städten.

Von 1740 an führte *Friedrich der Große* das Werk seines Vaters fort. Er legte das Hauptaugenmerk auf das Einrichten von Manufakturen und die Stärkung des Handels. Der Hafen Swinemünde wurde angelegt und 1746 zum preußischen Seehafen erhoben, was wiederum die Schweden verärgern mußte, da diese über die Peenezufahrt auf Usedom wachten und nun nicht mehr mit den bisherigen Zolleinnahmen rechnen konnten.

Noch mußten manche Schiffe einen Teil ihrer Ladung auf kleinere Fahrzeuge umladen; doch mit dem Ausbaggern der Swine und der Einweihung der »Kaiserfahrt« im Jahre 1880 waren wichtige Voraussetzungen für ein weiteres Aufblühen der Seestadt Stettin geschaffen worden, die mit ihrem Vorhafen der bedeutendste Hafen Preußens wurde. Fünfzehn Jahre später war auch der Kaiser-Wilhelm-Kanal fertiggestellt, womit Berlin via Stettin seinen eigenen Ostseehafen hatte.

Im Kriegsjahr 1914 war dann die Regulierung der Oder so weit gediehen, daß der Großschiffahrtsweg Berlin-Stettin in Betrieb genommen werden konnte. Bei einem Blick auf die Karte wird selbst dem Laien aufgehen, daß nun neben der Reichshauptstadt sogar das gesamte ost- und mitteldeutsche Hinterland über den Stettiner Hafen mit der Welt verbunden war. Stettin also nun auch noch für viele das Tor zur Welt!

Friedrich Wilhelm II., der am 23. September 1898 anläßlich der pompösen Einweihungszeremonie des Freihafens in die pommersche Metropole gekommen war, mußte diese Entwicklung schon vorausgesehen haben. Wie hätte er sonst diesen genialen Satz: »Unsere Zukunft liegt auf dem Wasser« ausgerechnet an der Oder und an diesem Tag über die Lippen bringen können!

An der Wiegehalle im Hafen.
Seite 26: Blick auf die St. Jakobikirche, die 1187 gegründet wurde.

Canon
SERVICE
Marlboro
BM-5240
P

SPURENSUCHE

Wer Bilder vom zerstörten Stettin gesehen hat, wird sich nicht wundern über fehlende Straßenzüge und Gassen, die einst das Alter und die Schönheit der pommerschen Königin unterstrichen; und er wird sich – Einfühlungsvermögen und Toleranz vorausgesetzt – auch nicht beklagen wollen über die gesichtslosen Zweckbauten an vielen Stellen der nun polnischen Stadt.

Manchmal wird uns beim Durchstreifen von Szczecin ein übriggebliebenes, völlig isoliert stehendes altes Gebäude schmerzhaft daran erinnern, wieviele architektonische Kostbarkeiten in diesem letzten Krieg in Schutt und Asche versanken; Kostbarkeiten, von denen kein Foto existiert und von denen heute kaum noch einer weiß.

Auch beim Anblick des seines Umfeldes beraubten Alten Rathauses am Heumarkt müssen einem solche Gedanken in den Sinn kommen. Obschon ebenfalls stark in Mitleidenschaft gezogen, wurde es von polnischen Spezialisten vorbildlich restauriert. In das mittelalterliche Bauwerk ist das Städtische Museum eingezogen, und im gastronomisch genutzten Keller kann man noch wie ehedem die zwölf Sterngewölbe bewundern, die aus einer noch weiter zurückliegenden Epoche stammen.

Auch der 1547 vollendete Loitzenhof erzählt mit seiner schmuckreichen Fassade und seinem volkstümlichen Namen »Schweitzerhof« vom alten Stettin. Das zwischen Frauen- und Fuhrstraße gelegene Gelände gehörte lange Zeit zum Grundbesitz der Loitzes, die es als Kaufleute in Stettin so weit gebracht hatten, daß sie sogar eine eigene Flotte unterhalten konnten und als Geschäftspartner von Fürsten und Städten so begehrt waren wie die Fugger aus Augsburg. Daß heute die Schüler des Lyzeums für bildende Künste mit riesigen Rollen und Zeichenblöcken unter den Armen im Loitzenhof ein- und ausgehen, wird der Spurensucher mit Freude registrieren. Und dann wird er nach einem abschließenden Blick auf das Gebäude seine Schritte unwillkürlich beschleunigen, weil er vor sich bereits das Schloß der pommerschen Herzöge aufragen sieht und damit ein weiteres Beispiel für die denkmalpflegerischen Leistungen, die während der zurückliegenden Jahrzehnte in dieser Stadt erbracht worden sind.

Das Schloß, 1346 von *Barnim III.* begonnen, erlebte mehrere Bauphasen und wurde im Jahre 1619 vom Pommernherzog *Philipp II.* vollendet. Mit dem Aussterben des Greifengeschlechts verlor es auch seine Bedeutung als Residenz. Während der Belagerung durch den *Großen Kurfürsten* wurde es arg ramponiert, in preußischer Zeit aber wieder hergerichtet und unter wechselnden Landesherren von neuem verändert.

Gelegentlich nahm der eine und der andere Herrscher oder Herrschaftsanwärter aus preußischem Hause in dem schön gelegenen Stadtschloß über der Oder seinen zweiten Wohnsitz; später zogen hier aber Behörden ein – und im 2. Weltkrieg wurde der gesamte Komplex bombardiert und brannte aus.

Schwarz und bedrohlich und länger als ein Jahrzehnt stand die Ruine auf dem Steilufer über der Oder. Erst 1958 beschloß man ihren Wiederaufbau. Aber ähnlich wie in der Altstadt von Danzig, orientierte man

Die Schloßkirche entstand 1577 und dient heute als Konzertsaal.
Seite 30/31: *Die wunderschön angelegte Friedrich-Karl-Straße.*

sich auch hier nicht am Äußeren der Vorkriegszeit. Die Denkmalpfleger griffen auf Vorlagen zurück, die wir dem Kupferstecher *Merian* zu verdanken haben und die das Schloß im baulichen Zustand vom Jahre 1652 zeigen. Und wie man sieht – sie haben damit einen guten Griff getan.

Der Spurensucher wird viele Stunden benötigen und vielleicht sogar wiederkommen müssen, um das Herzogsschloß und sein Umfeld genauer in Augenschein zu nehmen. Und natürlich wird er dabei auch nicht die am Turm der Schloßkirche angebrachte Figur übersehen, die *Otto von Bamberg*, dem die Kirche geweiht wurde, im bischöflichen Ornat und nahe der Stelle, an der er während seiner ersten Missionsreise durch Pommern im August 1124 Aufnahme fand, darstellt. Und er wird andere Bildnisse entdecken, wird Inschriften zu entschlüsseln versuchen und diese kuriose Doppel-Uhr im Schloßhof bestaunen, deren Hauptzeiger auf der Nasenspitze eines Fratzenmannes balanciert, der die Augen rhythmisch verdrehen konnte und dessen Zunge den Monatstag anzeigte.

Wenn man ein bißchen Glück hat, kann man sogar an schönen Sommertagen in der stimmungsvollen Atmosphäre dieses quadratischen zweiten Schloßhofes ein Konzert unter freiem Himmel erleben, Werke alter italienischer Meister vielleicht, die wiederum auch schon am Hofe des kunstsinnigen *Philipp II.* erklungen sein dürften. Und sollte im Basteihof gerade einmal nicht musiziert werden, dann erklingt gewiß hinter einem der vielen Fenster ein Trompetensolo, probiert ein Geiger zum wiederholten Male seinen Part oder zwingt eine unsichtbare Diva die Besucher, die eigentlich zur Gruft der Pommernherzöge hinabsteigen wollten, mit ihrem kraftvollen Gesang zu andächtigem Innehalten und Aufblicken.

Das Schloß über der Oder ist heute weit mehr als eine bloße Touristenattraktion. Bei den Stettinern erfreut es sich solcher Beliebtheit, daß sie oft genug auch am Abend – festlich gekleidet und in großer Zahl dazu – zum einstigen Sitz der Herzöge hinaufpilgern. Das hat natürlich eine Bewandtnis, denn nach umfangreicher Restaurierung und Wiederaufbau ist hier so etwas wie ein kultureller Mittelpunkt der Stadt und der gesamten Wojewodschaft entstanden, der oderauf, oderab einen guten Namen hat und auf den man stolz ist.

Verschiedene kulturelle und gesellschaftliche Institutionen haben ihren ständigen Sitz in den historischen Gemäuern genommen. Im Schloß selbst finden Opernpremieren und Operettenaufführungen statt; hier wird modernes Theater gespielt, und in der umfunktionierten *Otto*-Kirche gibt es Liederabende und Konzerte. Gründe genug also, dem weithin sichtbaren leuchtenden Schloß seine Aufwartung zu machen ...

TURMPERSPEKTIVEN

Vom Turm der *Otto*-Kirche gewinnt man noch andere Ein- und unvergeßliche Weitblicke. Ausgebreitet liegt die Stadt vor dem Betrachter. Da sind wieder der Hafen, die Werften, die Lastadie, die Brücken und die weite Oderniederung. Und in naher Ferne, gegenüber der Stadt und am Ufer des drei Meter tiefen und gut fünfzig Quadratkilometer großen Dammscher Sees, liegt mit seiner weithin sichtbaren Kirchturmspitze Alt-

ZAWSZE
SOLIDNI
EUROKONTAKT
DOM PROMOCJI I

KSIEGAR

damm. 1939 war es mit fast vierzig anderen Ortschaften und Ortsteilen nach Stettin eingemeindet worden, was die auf vierhunderttausend Einwohner angewachsene Großstadt neben Breslau zur zweitgrößten deutschen Stadt im Osten werden ließ. Von seiner Ausdehnung her nahm Stettin von da an sogar die dritte Stelle in Deutschland ein und wurde nur noch von Hamburg und Berlin übertroffen.

Natürlich gibt es auch andere begnadete Hauptstädte (ehemalige und noch aktive), die an Seen und in großen und schönen Flußauen liegen. Keine aber läßt sich mit Stettins bergiger Umgebung und seiner idealen Lage in diesem Urstromtal vergleichen. Mit der Oder und dem großartigen Dammscher See vor der Tür und gleich drei urwaldartigen alten Waldgebieten, zu denen die Buchheide/Góry Bukowe und die Gollnower Heide/Puszcza Goleniówska zählen, in der Nachbarschaft, steht die Stadt so gut wie einzigartig da.

Szczecin, sagt man in Polen, sei die grünste Stadt des Landes. Eine »Stadt im Grünen« war die pommersche Metropole auch früher schon. Wen wundert es da noch, daß der aus Sachsen stammende und der Nachwelt durch seine zahlreichen Balladenvertonungen in guter Erinnerung gebliebene *Carl Loewe* gar nicht wieder fort wollte von hier! Sechsundvierzig Jahre hielt er Stettin die Treue und beeinflußte in hohem Maße das geistige und kulturelle Leben in dieser Stadt. Loewe wirkte als Kantor an der Jakobikirche und erwarb sich als Musikdirektor große Verdienste. Als er 1869 in Kiel starb, wurde sein Körper auf einem der dortigen Friedhöfe beigesetzt, das Herz aber schaffte man – wie *Loewe* es gewünscht hatte – nach Stettin, wo es in einen Pfeiler nahe der Orgel eingemauert wurde.

Eine bewegende Geste, fürwahr, und genau richtig für den Schlußsatz eines einstimmenden Textes über die alte pommersche Hauptstadt …

Hafen.

HISTORISCHE STREIFZÜGE DURCH STETTIN

WANDERUNGEN AN DER OSTSEE: STETTIN

So zogen wir nun über Altdamm, gewissermassen ein Vorwerk und eine Vorstadt von Stettin, in die Hauptstadt Pommerns ein, und unsere Erscheinung, 14 durchnässte Reisende kümmerlich auf einem Frachtwagen zusammengeduckt, mochte einen grellen Kontrast zu dem festlichen Einzuge bilden, den der König wenige Stunden vorher bei hellem Sonnenschein durch die mit Blumen und Guirlanden geschmückten Strassen gehalten hatte. Alle Fenster waren noch von Damen und Zuschauern bunt besetzt, und mehr als ein schallendes Gelächter sagte uns, dass wir eine höchst komische Figur in diesen Festlichkeiten spielten. Mit Mühe und Noth fanden wir noch in den 3 Kronen ein Unterkommen, wechselten die Kleider und schlenderten, da das Wetter sich aufklärte, nun wohlgemuth durch die Strassen. Stettin gewährt vor allen preussischen Ostseestädten das erfreulichste Bild der grössten Regsamkeit und des neu aufblühenden lebhaften Handels.

Von der Natur ausserordentlich durch seine Lage begünstigt, hat es seit 20 Jahren selbst Danzig überflügelt und steht im Begriff mit den Hansestädten Lübeck, Bremen und Hamburg zu concurriren, und, was Preussen betrifft, binnen Kurzem durch die entstehenden Eisenbahnen die ausschliessliche Einfuhr aller überseeischen Bedürfnisse an sich zu ziehen. Ganz ausserordentlich ist in der letzten Zeit der Werth aller Häuser und Grundstücke hier in dem Maasse gestiegen, als er in allen übrigen preussischen Ostseestädten gesunken ist und noch immer sinkt. Alljährlich steigen fast in allen Strassen neben den kleinen schmalen Giebelhäusern stattliche 3- und 4stöckige Gebäude im modernen Style empor; und es ist nur zu beklagen, dass Stettin als Festung keiner grösseren, räumlichen Ausdehnung fähig ist.

Die Oder, welcher Stettin hauptsächlich sein reges Leben verdankt, fliesst mitten durch die Stadt, und wird der auf dem rechten Ufer belegene Stadttheil die Lastadie genannt.

Dorthin, als in den Mittelpunkt alles Treibens, begeben wir uns zuerst, und sehen hier mit Staunen, so weit vom Meere entfernt, die grössten Seeschiffe, deren viele wohl alle Theile der Welt gesehen und befahren haben. Hier sind von grossen Gebäuden das neue Packhaus und das Seglerhaus bemerkenswerth.

Am Bollwerke entlang kommen wir dann auf den weissen Paradeplatz, allwo die vortreffliche Marmor-Statue *Friedrich des Grossen,* durch *Schadow's* Meisterhand aus den alleinigen Mitteln der Provinz, als ein Zeichen der Dankbarkeit, errichtet steht. Erwähnt zu werden verdient, dass selbst die Franzosen während der Belagerung von 1813, als ein Bombardement zu befürchten war, vor dieser Statue so viel Achtung hatten, dass sie dieselbe mit einer schützenden Wölbung überdeckten.

Von hier begeben wir uns die Louisenstrasse hinab, die fast durchweg nur stattliche Gebäude aufzuweisen hat, nach dem Rossmarkte, wo eine im Verfall begriffene Wasserkunst zugleich Aufmerksamkeit und Bedauern erregen möchte.

Das Neue Rathaus wurde von Stadtbaurat Kruhl in den Jahren 1875–1879 errichtet – zwar in den damals so beliebten neugotischen Formen, aber in der traditionellen Ziegelbauweise.
Rechts: Die St. Peter- und Paulskirche entstand 1124 in der damaligen Wendensiedlung und wurde daher nicht in die im 12./13. Jh. entstandene deutsche Kaufmannsstadt einbezogen. Erst nach der 1630 durchgeführten Umwallung Stettins wurde sie in das Stadtgebiet hereingenommen.

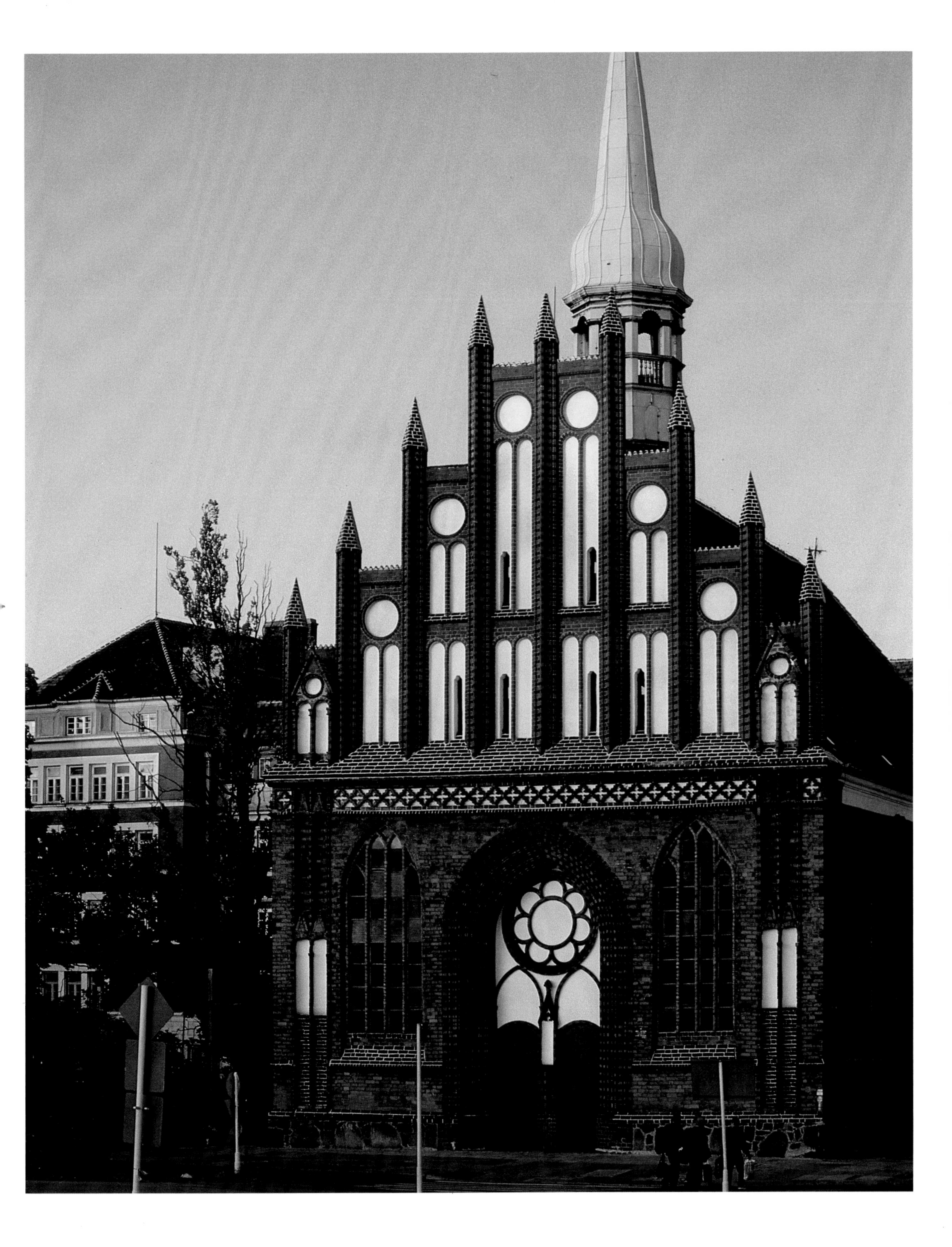

Der Loitzenhof wurde in der ersten Hälfte des 16. Jh. erbaut.
Seite 38/39: Östliches Oderufer und Lastadie.

Wenden wir uns jetzt zum Schlosse, so haben wir ein altes grosses Gebäude vor uns, von welchem uns zwar Chroniken berichten, dass dasselbe 1575 von einem italienischen Baumeister aufgeführt worden sei, von dem aber jetzt Niemand weiss, in welchem Style es eigentlich erbaut wurde; denn so unzählige Veränderungen hat man nach den Bedürfnissen der späteren Zeit damit vorgenommen. Die grossen inneren Räume desselben werden theils durch die Königliche Regierung und das Oberlandesgericht, theils durch Kapellen für den französisch-reformirten und katholischen Gottesdienst, theils durch Exercirsäle und in neuerer Zeit durch die Wohnung des Ober-Präsidenten benutzt und ausgefüllt.

Augenblicklich ist das alte Gebäude abermals neuen Reformen unterworfen. In einer der Kapellen befindet sich vor dem Altare die fürstliche Gruft, in welcher die Gebeine mehrerer Pommerschen Herzoge und Herzoginnen ruhen. Fremden wird, als etwas Ausgezeichnetes, ein Gemälde gezeigt, welches den feierlichen Einzug *Herzog Bogislaw's* in Venedig darstellt, als er von seiner Wallfahrt nach Jerusalem zurückkehrte, und als eine Curiosität ist im grossen Schlosshofe die Uhr bemerkenswerth, welche im Chifferblatt ein colossales Gesicht darstellt, das mit jedem Perpendikelschlage die Augen verdreht.

Nicht weit von hier befindet sich die Jacobikirche, die zwar mitten in der Stadt, aber dennoch sehr versteckt gelegen, ein höchst düsteres Ansehen und unschönes Aeussere hat. Das Innere ist jedoch grossartig und imponirt durch die schöne Wölbung des Schiffes. Sehenswerth ist das schöne Altarbild, die Kreuzesabnahme darstellend, als ein Werk eines hiesigen Malers, des Herrn *Längerich;* auch eine schöne Orgel gereicht der Kirche zur Zierde. Wer die Mühe nicht scheut, den Thurm zu ersteigen, wird sich durch eine herrliche Aussicht über das weite Oderthal und alle die belebten Gewässer und angebauten Ufer belohnt finden.

Von hier begeben wir uns in das neue Börsengebäude, welches von dem Reichthum und dem Geschmack der hiesigen Kaufmannschaft ein gleich ehrenvolles Zeugnis giebt. Obgleich wir bisher unserm Vorsatz: von den Festlichkeiten der Huldigung, die wir fast in allen diesen Städten mit erlebten, wenig zu berichten, ziemlich treu geblieben sind, so können wir doch nicht umhin, die sinnige Art und Weise zu rühmen, mit welcher Stettin alle seine Empfangsfeierlichkeiten und ganz besonders hier im Börsenhause, wo die Kaufmannschaft dem König ein Fest gab, angeordnet hatte. Zwischen grossen Transparenten, welche am Eingange der Börse den Flor des Handels und der Schiffahrt andeuteten, standen für den König die Begrüssungsworte: »Dein Geist belebt, was vorwärts strebt!« und der König, der schon als Kronprinz immer eine besondere Vorliebe für Stettin hatte, soll diesen Lobspruch sehr freundlich aufgenommen haben. Nächst der Börse ist noch das neue Gymnasium sehenswerth, welches die Inschrift führt: *Juventuti bonis artibus erudiendae* 1832.

Machen wir nun einen Spaziergang um die Wälle, wozu eine Erlaubnisskarte des Kommandanten nöthig ist, so geniessen wir freundliche Ueberblicke über die Stadt und den schiffreichen Strom, und kommen an zwei Thoren vorüber, welche durch ihre eigenthümliche, mit kriegerischen Emblemen reich geschmückte Bauart unsere Aufmerksamkeit mit Recht auf längere Zeit in Anspruch nehmen. *Franz Kugler* sagt in seiner pommerschen Kunstgeschichte: »König Friedrich Wilhelm von Preussen liess diese beiden prächtigen Thore, das Berliner und das Anclamer Thor genannt, bauen, deren reiche und kräftig gehaltene Decoration zu

POLSKIE LINIE OCEANICZNE

KS
ASZ
KAREN
OŚRODEK SPORTÓW WODNYCH
20+5? Już jest 25 West!
West

den schönsten Zierden der Stadt gehört, wie ihnen denn auch nur wenige Festungsthore, selbst nicht die sehr berühmten von Verona, an Schönheit voranstehen dürften.«

Durch die vor dem Anclamer Thore liegende freundliche Plantage gelangen wir in den Logengarten, von dessen Balkon sich der freundlichste Totalanblick der Stadt darbietet. Das Gebäude rechter Hand, das mit seinem stumpfen Thurme die Stadt weit überragt, ist die oben erwähnte Jacobikirche, und das fast damit zusammenhängend scheinende thurmreiche weite Gemäuer ist das ebenfalls schon beschriebene alte Schloss.

Stettin hat in seinem Logengarten einen sehr hübschen Vereinigungspunkt der eleganten Welt, und wer Freund von weiteren Spaziergängen ist, darf nicht versäumen, die sehr schön gelegenen Orte Grabow und Frauendorf zu besuchen. Der Weg dorthin führt durch die Vorstadt Unterwik und an den Schiffsbauplätzen vorüber, und hat aus diesem Grunde allein schon für den Reisenden, der noch keine im Bau begriffenen Schiffe sah, viel Interessantes. Grabow selbst aber enthält viele freundliche Landhäuser und ist noch besonders merkwürdig dadurch, dass hier, in dem nun verschwundenen herzoglichen Lustschlosse, der Aberglaube sein letztes trauriges Opfer fand. Im Jahre 1620 nämlich wurde hier die schöne *Sidonia von Bork* der Hexerei wegen angeklagt und nach grässlichen Foltern öffentlich verbrannt.

Frauendorf bietet Gelegenheit zu einer weiteren hübschen Wasserpartie, die an lieblichen, oft höchst malerisch bebauten Ufern vorüber führt und nicht genug empfohlen werden kann. Den Chroniken zufolge waren die Ufer der Oder auch hier ununterbrochen mit Wein bepflanzt, und *Cosmus von Simmern* will im Jahre 1616 an der Tafel des Herzogs *Philipp zu Stettin* sowohl alten als neuen Wein getrunken haben, welcher bei der Stadt in solcher Menge gewachsen sei, dass über 100 Ohm gepresst worden wären.

Wilhelm Cornelius

Bahnhof.

AUFENTHALT IN STETTIN

In wenigen Stunden führt die Locomotive den Reisenden von Berlin nach Stettin durch eine Gegend ohne Naturschönheiten und Abwechselung, welche Jeder auch schon vor Anlegung der Eisenbahn so schnell als möglich durcheilte, da nur Neustadt-Eberswalde, Kloster Chorin und Schwedt auf dieser Fahrt von zwanzig Meilen einige interessante Punkte darboten. Je mehr man sich aber der Stadt nähert, um so freundlicher wird die Umgegend. Auf der östlichen Seite des Oderthals erheben sich die waldbedeckten Berge von Podejuch, der Spiegel des Dammschen Sees breitet sich zwischen grünen Wiesen und Holzungen aus, und bald gewahrt man die Thürme von Stettin, das von einem Hügel bis an das Stromufer sich hindehnend, anfänglich keine großen Erwartungen erweckt. Nachdem man auf der Eisenbahn schnell neben der Vorstadt Oberwyk vorbeigeeilt ist, erreicht man, außerhalb der Festungswerke, den Bahnhof, wo Droschken und Omnibus bereit stehen, um den Reisenden über die neue Brücke und durch das Schneckenthor in die Stadt zu führen. An guten Gasthöfen ist kein Mangel, und die besten derselben sind elegant und comfortable eingerichtet.

Im Allgemeinen erweckt der Anblick der Stadt nicht den Reiz, welchen alte Städte durch ihre Bauart, die einen Werth für geschichtliche Vorzeit an sich trägt, gewähren, und ausser einigen Kirchen sind keine Baudenkmale älterer Zeiten mehr vorhanden. Wenige der Straßen sind breit, gerade und lang, die meisten sind kurz, krumm und in unregelmäßiger Lage nach und nach angebaut; nur die Oberstadt, der von den Deutschen erbaute Theil, zeichnet sich vor der Unterstadt, der vormals wendischen Altstadt, durch Regelmäßigkeit und Breite der Straßen aus, und dennoch gewährt die Stadt, besonders wenn man berücksichtigt, daß sie eine Festung ist, ein freundliches Ansehen und erweckt beim ersten Eintritt ein heimisches Gefühl.

Schon durch seine eigenthümliche Lage an einem aufsteigenden Hügel, so wie durch seine anmuthige Umgebung, hat Stettin einen Vorzug vor vielen andern, schöner gebauten Städten; die Wohnhäuser sind meistens stattliche 4- und 5-stöckige Gebäude im modernen Style; manche derselben zeigen noch den Rococo-Geschmack vom Anfange des vorigen Jahrhunderts in mehr oder minder reicher Ausstattung; im Ganzen aber bezeugen die schönen Gebäude, die glänzenden Kaufmannsläden, die gefüllten Speicher, die rauchenden Schornsteine der Dampfmaschinen, der mit Schiffen bedeckte Strom und das Geschäftsleben an seinen Ufern blühenden Wohlstand.

Wir begeben uns zunächst in die Unterstadt, wo das laute und rege Treiben an beiden Ufern des Stroms und im Innern der Straßen dem Fremden auf den ersten Anblick sagt, daß hier der Gott des Handels seinen Sitz aufgeschlagen habe. Da sich die Kaufleute wegen der Nähe der Oder und des lebhaften Geschäftsverkehrs besonders in der Unterstadt niederlassen, so ist hier der Werth der Grundstücke seit den letzten zwanzig Jahren außerordentlich gestiegen und auch die Miethen haben einen hohen Standpunkt erreicht. Dem Binnenländer besonders gewähren zunächst die Langebrücke, die Seeschiffe mit ihren hohen Masten, Segeln und bunten Flaggen ein imponirendes Schauspiel, und auf der Mitte derselben bietet sich eine freundliche Aussicht. Zur rechten Seite erblickt man, über die Häusermasse emporragend, die St. Jacobikirche, näher am Ufer das St. Johanniskloster mit dem Waisenhause, ferner das stattliche Garnison-Lazareth, den Bahnhof mit

Aussichtsturm des Schlosses.
Rechts: Blick vom Schloßturm in den Innenhof des Stettiner Schlosses.

GRYF
GRYF
GRYF

Schelzenstraße.
Seite 46/47: pl. Zwycięstawa.

der Brücke der stargarder Eisenbahn; dann die Vorstadt Oderwyk, welche sich in einem langen Streifen am Ufer der Oder hinzieht, und endlich im Hintergrunde Pommerensdorf mit seinen angebauten Berghöhen.

Auf der linken Seite zeichnet sich besonders die schöne, im neuen Geschmack erbaute Bade-Anstalt vor der übrigen Umgebung aus; das ganze Bild aber macht durch die Menge der ankommenden und abfahrenden großen Kähne und Schiffe einen bleibenden Eindruck. Wendet man sich auf die andere Seite der Brücke, so giebt das Leben auf der Oder ein interessantes Bild, und entfaltet die ganze Eigenthümlichkeit des regen Treibens einer Seestadt. Mit Staunen sieht man hier, so weit vom Meere entfernt, die größten Seeschiffe, deren viele die entlegensten Theile der Welt befahren haben. Böte und Schiffe aller Art gleiten den Strom auf und ab, und werden unter jodelnden Gesängen in verschiedenen Sprachen gelöscht (entladen) und befrachtet. Das Treiben der Seefahrer hat etwas Eigenthümliches, und gern wird der Reisende, dem dies neu ist, einige Zeit verweilen, um an dem Gewühl der Menschen, der betriebsamen Geschäftigkeit der Arbeiter beim Ein- und Ausladen der Waaren aus den Fahrzeugen, an der verschiedenen Bauart der Schiffe und den Treiben der Seeleute sich zu ergötzen. Dieser Anblick wird aber noch mehr an Bedeutsamkeit gewinnen, wenn man zugleich flüchtige Betrachtungen anstellt, welche Segnungen der Handel über die Völker verbreitet, indem er ihnen die Waaren aus den entlegensten Ländern zuführt, den Überfluß ihrer eigenen Produkte auf vortheilhafte Weise dafür umsetzt, und viele Millionen Menschen nutzenbringend beschäftigt.

Die nächsten Umgebungen des so vielfach belebten Oderstroms bilden hohe, stattliche Gebäude, welche größtentheils zur Aufbewahrung des Getreides und der Waaren benutzt werden. Begeben wir uns von hier nach der Lastadie, dem jenseits der Oder belegenen Stadttheile, so ist zunächst der Brücke, neben dem Packhofe, dem Sitze des Provinzial-Steuer-Direktorats und des Haupt-Steueramtes, das neue Entrepot bemerkenswerth, welches im großartigen Styl vor ungefähr zehn Jahren, mit bedeutendem Kostenaufwande auf Rosten erbaut ist. Außer dem lebhaften Verkehr und der langen, breiten Hauptstraße bietet die Lastadie, der jüngste Stadttheil Stettins, keine besondern Merkwürdigkeiten dar. Ungefähr in der Mitte derselben befindet sich die St. Gertrudskirche, ein einfach viereckiges, ziemlich geräumiges Gebäude des 17ten Jahrhunderts, mit zierlich getäfelter Decke und einem durch mittelalterliches Schnitzwerk verzierten Altare. Unweit derselben befindet sich ein Hospital, und in einiger Entfernung davon, dicht am Walle, das städtische Krankenhaus, ein großes zweistöckiges Gebäude, das in viereckiger Gestalt einen Hofraum umschließt.

Von hier wenden wir uns nach den Speichern, einer Reihe hoher Giebelgebäude, welche am rechten Oderufer sich hinziehend, zur Aufbewahrung der Waaren, vorzüglich des Getreides, benutzt werden, und zu diesem Zwecke 6 bis 7 Böden über einander enthalten. Auch von hier gewährt das gegenüberliegende Stettin eine herrliche Ansicht, und hoch über den Häusermassen erheben sich die Jacobikirche und das Schloß mit ihren Thürmen. Gleichzeitig bietet dieser Spaziergang den erfreulichen Anblick auf den lebendigen Schiffsverkehr des Hafens dar, und wer ein Freund der Industrie und des Fabrikwesens ist, der versäume nicht die hier gelegenen großartigen Zukkersiedereien, so wie die sehenswerthe Fabrik von *Schubert* für lackirte Blechwaaren und die Reifschlägerei von *Kruse*, wo die Schiffstaue angefertigt werden, zu besuchen.

KLUB
Gdańsk
10 Bydgoszcz
Zielona Góra
Swinoujście
SZA 3859

← 116
Reda
HOTEL
24h
WYPOŻYCZALNIA
KASET VIDEO
CAMEL
LIGHTS
NEW

An den Speichern fortgehend, erreichen wir die Baumbrücke, welche die Schiffbaulastadie mit der Stadt verbindet wo sich ebenfalls freundliche Ansichten des Hafens und der Stadt darbieten. Wenden wir uns mit dem Angesicht gegen Norden, so erblikken wir vor uns den Bleichholm mit der Ankerschmiede, und rechts von derselben den Dunzig, einen Arm der Oder, der sich hier von dem Hauptstrome trennt und in den Dammschen See ergießt; links den Landeplatz der Dampfschiffe, das Zeughaus und die St. Peterskirche, die hohen Festungswerke am Frauenthor, die Unterwyk mit ihren freundlichen Gartenanlagen, und den gebogenen Lauf der Oder, mit vielen Schiffen bedeckt, bis nach Grabow. Am interessantesten ist aber dieser Standpunkt, wenn nördlicher Wind zahlreiche Schiffe und Kähne mit geschwellten Segeln herbeiführt, die Dampfschiffe brausend heranfahren und eine Menge von kleinen Fahrzeugen, besonders an Markttagen, mit allerlei Lebensbedürfnissen, wie im Wetteifer eilig daherrudern.

Am Bollwerke entlang, wo jederzeit ein lebhafter Verkehr herrscht, der an Markttagen besonders zu einem dichtgedrängten Gewühle wird, gelangen wir dann auf den Heumarkt, einem viereckigen, geräumigen Platz, auf welchem das Rathhaus, die Hauptwache und die Börse sich befinden. Das Rathhaus ist ein altes, großes Gebäude, das zwar schon im Jahre 1245 erbaut wurde, aber kaum noch eine Spur von seiner alten Bauart zeigt, welche durch die häufigen Veränderungen im Laufe der Zeiten verloren gegangen ist, und nur auf der Nordseite hat sich von den reichen architektonischen Verzierungen, welche noch im 17. Jahrhundert das Gebäude schmückten, eine sehr zierlich ausgebildete spitzbogige Mauerniesche erhalten. Besonders merkwürdig ist darin die Sammlung von Russischen Denkmünzen, welche hier aufbewahrt und bereitwillig gezeigt wird. Für die Beaufsichtigung einer Linde, welche, von der Kaiserin *Katharina II* gepflanzt, jetzt auf dem Eisenbahnhofe steht, wird von jeder in Rußland erscheinenden Denkmünze ein Exemplar nach Stettin gesandt, und so hat diese Sammlung bereits einen Geldwerth von mehreren tausend Thalern erreicht.

Dem Rathhause gegenüber steht die neue Börse, ein der Architektur und innern Einrichtung wegen gleich sehenswerthes Bauwerk, das nach dem Plane des geheimen Oberbaurath *Dr. Mathias,* durch den Stadtbaumeister *Kremser* erbaut, von dem Geschmacke und dem Reichthume der Stettiner Kaufmannschaft genügend Zeugniß giebt. Leider steht ein Theil dieses prachtvollen Gebäudes durch die Hauptwache verdeckt, welches die schöne Frontansicht sehr benachtheiligt. Im Innern befinden sich, ausser den zahlreichen Geschäfts- und andern Räumen, zwei herrlich ausgeschmückte Säle übereinander, in welchen, oft gleichzeitig, Bälle abgehalten werden. In dem Sessionszimmer sieht man ein großes altes Ölgemälde, die Ansicht Stettins i. J. 1659 darstellend. – Die Hauptwache ist ein viereckiges, schmuckloses Gebäude, welches zugleich die Arrestlokale für das Militair enthält.

Neben dem Rathhause befindet sich der neue Markt, ein geräumiger Platz, auf welchem vormals die St. Nicolaikirche stand, die im Jahre 1811, als sie von den Franzosen als Heumagazin gebraucht wurde, in Flammen aufging. Dem neuen Markte gegenüber führt ein breiter Thorweg nach dem sogenannten Schweizerhofe, der im 16ten Jahrhunderte einst der überaus reichen Patrizierfamilie der *Loytzen,* welche durch ihren ungeheuren Bankerott von zwanzig Millionen (im J. 1572) berüchtigt geworden, zum stattlichen Wohnsitze

Stadttheater.

diente. Auf der rechten Seite dieses Hofes steht jetzt die Ottoschule, welche man an der Stelle eines abgebrochenen alten Gebäudes, das man irrthümlich für die Überreste der von dem Pommern Apostel, *Otto von Bamberg,* erbauten St. Adalbertskirche ausgab, in neuerer Zeit errichtete. Auf der linken Seite befindet sich das Schauspielhaus, dessen Haupteingang in einem Hause der Schuhstraße ist. Die obere Seite des Schweizerhofes schließt ein altes dreistöckiges Gebäude, das mit seinem Treppenthurm und seinen gothischen Verzierungen, allein von allen Wohnhäusern Stettins sich in seiner ursprünglich mittelalterlichen Form erhalten hat, und wahrscheinlich von den *Loytzen,* nach dem Muster des Schlosses zu Ükkermünde, erbaut ist.

Von hier aus gelangt man durch die Frauenstraße nach dem Zeughause, welches alterthümliche, jetzt sehr verbaute Gebäude im Anfange des 14ten Jahrhunderts errichtet ist und die Kirche des vormaligen St. Marien-Nonnenklosters war, das ursprünglich außerhalb der Ringmauer der Stadt lag. In diesem Arsenal befinden sich, außer dem Kriegsgeräthe der neuen Zeit, noch einige Rüstungen, Harnische, Schwerter und eine Menge Sensen, die man zu Waffen umgeschaffen hat; außerhalb an der Mauer auch ein merkwürdiger Denkstein, welcher 1680 aus der zerstörten Oderburg hervorgeholt

Das Königstor des holländischen Baumeisters Cornelius Walrave entstand 1725–1727 unter Friedrich Wilhelm I. Die Tore wurden von dem preußischen Hofbildhauer Damart mit barockem Schmuck versehen.
Rechts: Diese repräsentativen Mietshäuser stehen in der Karkutschstraße und entstanden in der Zeit vor dem Ersten Weltkrieg.

und hier eingemauert wurde. Er ist eine Gedächtnißtafel Herzog *Barnim des Großen,* welche ihm Herzog *Barnim IX* in der Kapelle des Karthäuserklosters 10. Juli 1543 setzen ließ. Der Herzog ist darauf in Lebensgröße in vollständiger Rüstung abgebildet, neben ihm sein Helm und Wappen mit einer erklärenden Inschrift, welche ihn einen »löblichen, gottglückseligen Friedens- und Kriegsfürsten, der sein Geschlecht und Herzogthum zu den alten fürstlichen Freiheiten wiederum gebracht« u. s. w. nennt.

Indem wir von hier den Klosterhof, eine durch die neuerbauten, hohen Häuser stattliche Straße hinaufgehen, bemerken wir zur Rechten das Petri-Hospital, welches (1563) von dem Herzoge *Barnim IX* und seiner Gemahlin *Anna* für Arme und Kranke, besonders für alte Hofbediente gestiftet ist. Das Gebäude ist (1785) von dem geheimen Oberbaurathe *Gilly* errichtet und galt früher für eins der schönsten Bauwerke Stettins. Oberhalb des Klosterhofes erreichen wir einen freien anmuthigen Platz, der mit großen Bäumen bepflanzt um so mehr einen angenehmen Eindruck macht, als diese Gegend durch ihre Stille sehr gegen das lärmende Treiben in der Unterstadt absticht. An der Seite dieses Platzes steht die St. Peterskirche, welche vom Bischofe *Otto von Bamberg* (1124) angelegt, im 14ten Jahrhundert neu erbaut, und nach der theilweisen Zerstörung in der Belagerung von 1677 wieder hergestellt ist. Diese älteste Kirche Stettins hat durch die erlittene Umgestaltung viel von ihrem ehrwürdigen Ansehen und ihrem architektonischen Schmucke verloren, und ist gegenwärtig ein Gebäude von ganz einfacher Anlage, ohne Seitenschiffe, mit einem kleinen Thurme und einem fünfseitig geschlossenen Altarraum. Das Innere wird durch mehrere alte Gemälde geziert, unter welchen sich auch das, leider schlecht restaurirte Bild des Pommern-Apostels, des stettiner Reformators, *Paulus a Rhoda,* und des berühmten *Johann Bugenhagen, Doctor Pommer,* so wie seiner Freunde, *Luthers* und *Melanchtons,* befinden. Hinter dem Altare wird noch das Schnitzwerk des früheren Altars, eine Figurenreihe, zierlich ausgearbeitete Composition, aufbewahrt. In der Nähe dieser Kirche stehen die Landwehrzeughäuser und breiten sich die Paradeplätze aus.

Wir lassen vorläufig die beiden, nahe belegenen Paradeplätze noch unberücksichtigt, und begeben uns zunächst nach dem St. Marien Platz, wo vormals die prächtige St. Marien Kirche, eine der schönsten Zierden Stettins, stand, bis sie (i. J. 1789) vom Blitze getroffen und größtentheils eingeäschert wurde. Die Wiederherstellung derselben unterblieb, weil angeblich sonst das Gymnasium nicht hätte fortbestehen können. Nach Wegräumung der Überreste wurde (1832) auf dem gewonnenen Raume, durch den Regierungs- und Baurath *Scabell* das neue Gymnasium erbaut, welches ein äußerst gefälliges Ansehen und einen imposanten Treppenbau hat und die Inschrift führt: *Juventuti bonis artibus erudiendae* 1832. Im Conferenzsaale befindet sich ein großes, seltsam componirtes Gemälde, welches den Friedenschluß von 1814 darstellt. Auf demselben erblickt man die Repräsentanten des Nähr-, Lehr- und Wehrstandes am Altare des Vaterlandes, die Hände zum Schwur erhebend, und zugleich auch den Dämon der Zwietracht, wie er entweichend die Maske (das Portrait *Napoleons*) vom Gesichte nimmt. Außerdem findet man, neben den Bildnissen einiger preußischen Monarchen, die Portraits des alten pommerschen Geschichtschreibers, *Johann Mikrälius,* und des Ministers *von Herzberg,* eines um sein pommersches Vaterland hochverdienten Mannes. Das Gymnasium besitzt eine ansehnliche Bibliothek und ein naturgeschichtliches Museum.

Berliner Tor.
Seite 54/55: Speicher an der Oder.

PUNKT
POJEMNIKI
NA
POJEMNIKI
NA

ODRATRANS S.A.

In der kleinen Domstraße, nahe bei dem Gymnasium, befindet sich das *Jageteufelsche* Collegium, eine wohlthätige Stiftung des Bürgermeisters *Otto Jageteufel* (i.J. 1412), welche in unveränderter Gestalt bis auf den heutigen Tag fortbestanden hat.

STETTIN - EINE HAFENSTADT

Eine Frauengestalt ragt auf hohem Schiffsbord, das Rahsegel geschultert. Merkur, der wägenden Blicks das Fahrwasser prüft, ist ein glaubwürdiger Steuermann; er wird das Fahrzeug, dessen Steven mit dem vorstoßenden Streifenkopf die See (es sind die Kaskaden des Brunnenwassers) durchpflügt, auf sicherem Kurs halten. Meergott und Wasserfrau weiß er in seinen Diensten: Jahrzehntelang war den Stettinern dieser Sedinabrunnen Sinnbild ihrer Stadt. Sinnbilder, ungeachtet ihrer äußeren Formen, leben so lange wie das, wovon sie künden, im Herzen des Volkes Bestand hat. Darum wird *Manzels* Brunnen viel weiter wirken als der Zeitgeist, der ihn entstehen ließ: denn er kündet von einer Stadt, die nicht nur durch die Erinnerung unser ist: Stettin.

Wer immer früher über Pommerns Hauptstadt schrieb, wollte trotzig zeigen, daß ihn seine Liebe nicht blind mache: Stettin sei schön gelegen, so schreibt noch *Hans*

Lagerhaus und Heringsfässer am Hafen.

Hoffmann, sehr schön sogar, und die Stadt gäbe vom Wasser und von den jenseitigen Bergen her einen stolzen Anblick; im Innern jedoch ist sie »an architektonisch-malerischer Schönheit mit andern Hansastädten (man braucht noch gar nicht an Danzig oder Lübeck zu denken) nicht von weitem vergleichbar«. Gewiß nicht. Aber welche Stadt ließe sich wohl durch den Vergleich mit anderen erklären? Wer schon dazu greifen will, muß gerecht sein.

Das Malerische, das Türmereiche und Vielgieblige, das Brunnenplätschernde und Geheimnisdunkle mittelalterlicher Mauerkränze, das unsere Herzen beim Anblick so vieler deutscher Städte höher schlagen ließ – das alles gehörte zu den Tröstungen der Vergangenheit in unserer gnadenlosen Zeit. Es lebt aber auch in der Erinnerung weiter, und die tiefen Farben des »Es war einmal« vermögen oft die lauten des Tages zu überdecken. Diese alten Städte wirkten am stärksten im Lichte eines Sonnenuntergangs. Stettin aber ist eine Stadt des hellen Tages, sein Leben ist Tätigsein, seine Schönheit ist sachlich. Stettin braucht Gegenwart. Vineta ist in der Sage von Jahrhundert zu Jahrhundert prächtiger geworden dadurch, daß es in den Wassern versank.

Stettin ist von Jahrzehnt zu Jahrzehnt kräftiger geworden dadurch, daß es sich das Wasser dienstbar machte. Stettin ist keine Stadt der Legende, aber es ist eine Stadt mit kräftigem Herzen. Vernünftig und unternehmend ist die Hauptstadt der pommerschen Provinz, wobei wir uns nicht von dem abwertenden Beiklang, den dies Wort oft bekommen hat, irreleiten lassen dürfen. Denn wenn ein Land in glücklicher Weise den Übergang vom Land zur Provinz, also das Aufgehen in eine höhere Einheit vollzogen hat, dann war es Pommern. Auch Stettin ist preußisch geworden, ohne sein Pommerntum zu verlieren; mehr noch: Preußen dankt ihm nicht zuletzt seine Befreiung aus binnenländischer Enge.

Steuermann Merkur auf dem Greifenschiff: Mit ihrem Daseinssinn erhält die Stadt auch ihre Schönheit durch den Hafen. Sie will vom Wasser her erschlossen sein. Wer, dies zu beweisen, den Gastfreund auf die Hakenterrasse führte und mit weiter Geste auf das erregende Bild wies, das sich breitete: fernab der mächtige Speicher – bezeichnend, daß er weit mehr zum Wahrzeichen erhoben wurde als manche Altertümer im Stadtbild! – gegenüber die Halden und Stapelplätze, das Gitterwerk der Kräne, deren Arbeitsernst wieder gemildert wird durch die Heiterkeit der Bootshäuser und Jachten, die Ausflugsdampfer mit dem Schuß Leichtfertigkeit in ihrem emsigen Wesen, die Frachter dahinter im krausen Oderwasser, häuserhoch, vieltausendtonnig und gelassen, das alles begleitet vom Klang der Niethämmer von Vulkan her – – – wer dies Bild der Stadt entwürfe, würde ihr bei all seiner Wirkung nur halb gerecht. Denn Hafen und Stadt als eines zu erkennen, heißt dieser nicht den Rücken zuwenden, heißt: spüren, wie sich Straßen und Märkte, Häuser und Kirchen, Bollwerk und Schloß vom Wasser her aufbauen, heißt: Einfahrt halten, gelassene, gleitende Einfahrt, weil die Wälder und Wiesen, die schwere Fläche des Dammschen Sees, und auch das fast dörfliche Bild von Altdamm mit seinem Kirchturm zur Stadt gehören.

Stettin ist keine der Städte, die sich schroff von der Landschaft abkehren; die Verästelungen des Oderstromes machen die Übergänge fließend. Der Hafen vereint Stadt und Land. Vor 600 Jahren hatten sich die Stettiner eine Stadtmauer gebaut, die weit über das damalige Stadtgebiet hinausgriff und Wiesen und Äcker mit einbezog: eine Handelsstadt braucht Atemraum. Und als im Jahre 1873 die Festungsanlagen, die

Die Hakenterrasse wurde kurz nach der Jahrhundertwende durch den damaligen Stettiner Oberbürgermeister Hermann Haken errichtet.
Links: 1911 entstand auf dieser Anlage der im Stil der Neu-Renaissance gehaltene Bau der Regierung.

der natürlichen Ausdehnung bis dahin immer noch eine Grenze gesetzt hatten, fielen, und Stettin damit auch im militärischen Sinne das wurde, was es seinem Lebensanspruch nach schon lange war: eine offene Stadt, da geschah es denn, daß es auf eine zwanglose Art Wälder und Seen, Heide und Flußläufe in ihren Lebensraum einbezog. Werktag und Feierabend gehörten zusammen – und Finkenwalde und Podejuch, Buchheide und Falkenwalde, Papenwasser und Möllnfahrt waren der Feierabend Stettins. Auf Mönne aber wachte Vater *Robien* darüber, daß die Stadt das Eigenleben der Natur nicht verletzte.

Das muß wissen, wer, um Stettins Schönheit rechtfertigen zu wollen, auf seine mittelalterlichen Kostbarkeiten weist: obwohl die hügelgebaute Altstadt sich dem Wasser zu entziehen scheint, hat dieses doch Macht über jene gewonnen. Sie sind nicht nur einander benachbart; vielmehr ist die Altstadt Teil des Hafens geworden. Jedoch nicht nur ehrwürdige Patina ziert eine Stadt; hier behauptet das Alte sich dadurch, daß es sich zwanglos dem Neuen einordnet. Die Zeugen der hansischen und der Herzogszeit herrschen hier nicht mehr, sie wollen gesucht sein.

Stettin trägt auf seine kühle und genaue Art seine Geschichte im Stadtbild, so daß man vom dreifachen Stettin reden möchte: dem mittelalterlichen, das wie seine Küstenschwestern im Wechselspiel von hansischer Initiative und landesherrlicher Macht gewachsen ist; dem altpreußischen, das in schlichter Würde neu erstand, nachdem das

Blick von oben auf das Neue Rathaus.
Seite 62/63: Blick auf die Hakenterrasse mit dem Städtischen Museum (links) und dem Regierungsgebäude (rechts).

brandenburgisch-schwedische Ringen das alte in Trümmer gelegt hatte; und schließlich dem Stettin des Reiches, das schnell die hektischen Übertreibungen der Gründerzeit überwand, seinen pommersch-preußischen Grundelementen treu blieb und planend, wägend und ausgreifend zum deutschen Großhafen an der Ostsee wurde. Hier hatte man keine Zeit, nur von der Vergangenheit zu zehren. Aber was den Jahrhunderten zukam, blieb als Zeugnis erhalten: über 800 Jahre kündete St. Peter und Paul von seinem Begründer *Otto von Bamberg;* und war diese Kirche gleichsam ein zurückhaltendes Erinnerungsmal, so vereinigte St. Jakobi Ernst, Macht und Reichtum küstengotischen Lebensgefühls in sich; daß man ihr noch für ein letztes Halbjahrhundert eine neue Turmhaube zu tragen gab, entsprach wohl mehr dem Bedürfnis, Historisches zu dokumentieren als sich der Geschichte zu beugen. Denn aus der Vernichtung von 1677, an die noch über 200 Jahre der Turmstumpf erinnerte, war das neue Stettin hervorgegangen. Wäre es nur die Hauptstadt irgend einer Provinz gewesen: der sparsame *Friedrich Wilhelm I.* hätte nicht so viel Liebe und Pracht an die Stadt gewandt, die ihm fast zur Hauptstadt Preußens geeignet schien. Noch jetzt sprachen das Berliner- und Königstor von mehr als nur preußischer Staatsraison.

Daß aber die Wilhelminische Ära in ihrer aufdringlichen Gründerhast zurückdrängte, was besser als ihre Bauten das Gediegene und das Zweckmäßige miteinander verbinden konnte – wer wollte Stettin das zum Vorwurf machen, was alle Stadtbilder verfälschte? Immerhin zeigen auch diese Jahrzehnte zwischen dem vorigen und unserem Jahrhundert sich in der aufblühenden Ostseestadt von der besten Seite: es war, als wirkte altpreußische Korrektheit noch wie ein mahnendes Gewissen nach. Wohlstand muß nicht unbedingt, wie Stettin beweist, in Protzentum ausarten. Drum waren die Straßen breit und licht, doch nicht aufdringlich; das freundliche Grün der Alleen und Plätze machte gar noch Reißbrett, Schiene und Zirkel lebendig. Gewiß: wie alles wurde auch das Maß der Schönheit sorgfältig auskalkuliert; doch die duftenden Wogen der Forsythia ließen merken, daß sich auch der Frühling sehr wohl mit der neupreußischen Ordnung vertrug.

Das Gediegene aber behauptete sich. Es brauchte keinen Aufwand, um zu seinem Recht zu kommen. Es war steinernes Patriziat, es waren die Wenigen, die immer mehr sind als die Vielen. Es war nicht nötig, bis nach Züllchow hinauszuwandern, um im Geiste den Kammermusiken *Carl Loewes* nachzulauschen, oder sich milde bezaubern zu lassen von der biedermeierlichen Luft des Tilebein-Schlößchens, dessen Herrin der Schönheit holde Geister um sich sammelte, mit ihrem »vollen Verständnis für alle großen wie für die kleinen Verhältnisse des Lebens, für alles Edle und Gute«, das verwirklichen zu können ihre Zeit mit lobenswertem Eifer glaubte. Die geistige Atmosphäre mag allein durch das Marienstift-Gymnasium angedeutet sein, den Hort städtischer Geistesgeschichte. In ihm klingen herzogliches und modernes Stettin in geistiger Verpflichtung zusammen; es galt als Ehre, es besucht, mehr noch: an ihm gelehrt zu haben. Vom ehemaligen Fürstlichen Pädagogium bis zur Wirkungsstätte *Martin Wehrmanns* ging sein gerader Weg.

Und als Sinnbild, daß wirkliches Herrentum Geist und wirtschaftlichen Fortschritt zu pflegen habe, überdauerte das Schloß die Zeiten. Das Gedränge der Häuser und Straßen konnte nicht mehr viel Rücksicht darauf nehmen; dafür bewahrte es sich im Aufriß der Stadt, der sich über der Oder erhob.

Die St. Johanniskirche wurde 1240 durch Mönche des Franziskanerordens gegründet.
Seite 66/67: Hafenpanorama.

Die kühle Luft geistiger und wirtschaftlicher Fortschrittsgläubigkeit ist kein Klima, in dem die Muse gedeiht. So mag es denn bezeichnend sein, daß in einer Stadt, in der alles den Platz erhielt, den man ihm zubilligte, das Schöne am Nützlichen gewogen wurde. Stettin hatte nichts von einem Museum an sich: dafür besaß es die vorbildichsten Museen. Als Heimatstadt großer Geister des Schrifttums wird es nur zögernd genannt, aber dem modernen Bibliotheks- und Volksbildungswesen ebnete es den Weg.

Herzlich stolz sind die Stettiner auf ihre Stadt. Auch ihr leichtes hauptstädtisches Überlegenheitsgefühl sollte nicht unbillig wirken. Sind sie nicht Bürger der Stadt Pommerns, die alle angeht, von Stralsund bis Lauenburg, von Schneidemühl bis Saßnitz? Merkur, der wägend das Fahrwasser prüft, ist ein zuverlässiger Steuermann. Und das Schiff, das er führt, bleibt am Greifen erkennbar, auch wenn es eine Zeitlang unter falscher Flagge fahren muß.

Karlheinz Gehrmann

UFA-Palast.

Seite 70/71: Hafen.

DIE GESCHICHTE STETTINS IM ÜBERBLICK

750–500 v. Chr. In der Bronzezeit liegt hier eine Höhenburg der Lausitzer Kultur; Funde weisen auf Germanen hin, die bis zur Völkerwanderung hier ansässig waren.

um 500 v. Chr. Germanische Nachfolgesiedlung in der frühen Eisenzeit.

8./9. Jh. n. Chr. Wendische Fischer- und Handwerkersiedlung.

1091 n. Chr. Erste Erwähnung als Burg, die von Polen erobert wird.

1124 n. Chr. Dieses Datum ist das erste klar faßbare in der Stettiner Stadtgeschichte. Die Wendensiedlung Kessin liegt zwischen Burg und Oder. *Otto von Bamberg* macht hier während seiner Missionsreise durch Pommern Station und taufte die ersten Wenden in Stettin. Die ersten beiden Kirchen St. Adalbert und St. Peter und Paul entstehen.

Ende 12. Jh. n. Chr. Die ersten Deutschen besiedeln Stettin. 1187 stiftet der Kaufmann *Jakob Beringer von Franken* die St. Jakobikirche.

1214 n. Chr. Markgraf *Albrecht II. von Brandenburg* nimmt Stettin ein; die verbündeten Pommern und Dänen erobern die Stadt zurück.

1237 n. Chr. Der Kirchenstreit zwischen Wenden und Deutschen wird durch Herzog *Barnim I.* beigelegt, indem er den Wenden die Peter-und-Paul-Kirche und den Deutschen die Jakobikirche zuweist.
Die Stadt wird mit deutschem, wahrscheinlich mit lübischem Recht beliehen.

3. April 1243 n. Chr. Die pommerschen Herzöge verleihen Stettin das magdeburgische Stadtrecht. Die Stadt erlebt ihre erste Blütezeit.

1275–1325 n. Chr. Errichtung einer Stadtbefestigung.

1296 n. Chr. Stettin wird Haupt- und Residenzstadt.

1299 n. Chr. Die Stadt erhält das Recht, einen Damm durch die Oderniederung und Brücken über die verschiedenen Flußläufe zu bauen, wodurch der Ost-Westverkehr auf Stettin festgelegt wurde.

1346 n. Chr. Herzog *Barnim III.* läßt sich auf dem ehemaligen Burgwall ein Schloß erbauen, entgegen den Zusagen Herzog *Barnims I.*, hier keine Burg zu errichten.

September 1352 n. Chr. Hanse-Beitritt: Stettin vereinigt sich mit Lübeck, Rostock, Wismar, Stralsund und Greifswald zur Sicherung des Seeverkehrs. Stettin schließt sich mit aller Vorsicht dieser Vereinigung an, da die Bürger besorgt waren, wie sich der Landesherr dazu verhalten würde.

8. September 1361 n. Chr. Kriegsbündnis dieser Städte mit Schweden und Norwegen gegen den König von Dänemark, der durch die Eroberung der Insel Gotland die Städte in ihren Interessen bedrohte.

Ende 1362 n. Chr. Waffenstillstand mit König *Waldemar von Dresden,* nachdem die hanseatische Flotte vernichtend geschlagen wurde.

1384–1412 n. Chr. *Otto Jageteufel,* seit 1387 Bürgermeister und heute noch bekannte Persönlichkeit der Stadt, wirkt in Stettins Blütezeit, in der Handel, Seefahrt und Handwerk gedeihen.

1450 n. Chr. Kämpfe mit Seeräubern vor der pommerschen Küste.

1476–1523 n. Chr. Während der Regierungszeit Herzog *Bogislaw X.* wird Stettin zur Hauptstadt Pommerns erhoben. Seit 1491 ist die Stadt ständige herzogliche Residenz; die Verbindung zur Hanse lockert sich allmählich.

16. Jh. n. Chr. Geistiges Aufblühen der Stadt Stettin. 1553 gründen die Herzöge ein Pädagogium, 1577 entsteht die erste Drukkerei.

1618–1648 n. Chr. Im Dreißigjährigen Krieg bleibt Stettin zunächst verschont, bis 1630 die Schweden in Pommern landen und *Gustav II. Adolf* in die Stadt einzieht. Das mittelalterlich geprägte Stettin wird zu einer modernen schwedischen Festung.

1637 n. Chr. Tod Herzogs *Bogislaw XIV.,* letzter Pommernherzog in Stettin; die Stadt wird schwedisch.

1640 n. Chr. Der brandenburgische *Große Kurfürst* fordert sein ihm rechtmäßig zustehendes Erbe, das ihm die Schweden jedoch verweigern.

14. Oktober 1648 n. Chr. Im Westfälischen Frieden wird die Stadt endgültig schwedisch, obwohl sie schon seit 18 Jahren unter schwedischer Herrschaft stand.

1655 n. Chr. König *Karl Gustav von Schweden* beginnt einen Krieg mit Polen, das in Österreich und Brandenburg Verbündete findet. Diese Verbündeten ziehen gegen die Stadt Stettin, die aber aufgrund der unter *Gustav Adolf* ausgebauten Festung uneinnehmbar bleibt.

1676/1677 n. Chr. Nachdem die Schweden 1675 in Brandenburg eingefallen waren und der *Große Kurfürst* sie vernichtend geschlagen hatte, sah er seine Stunde gekommen, um Vorpommern zurückzuerobern. Er belagert und erobert die Stadt und will sie sogar zur Residenz seines Staates machen, doch seine Träume zerplatzten bald.

1679 n. Chr. Durch den Frieden von St. Germain wird Stettin wieder Schweden zugespielt.

1700–1720 n. Chr. Die Belagerung der Stadt im Nordischen Krieg durch Russen und Polen im Jahre 1713 zerstört wieder sehr viele Häuser, doch bringt dieser Krieg die entscheidende Wendung zum Besseren.

21. Januar 1720 n. Chr. Im Stockholmer Frieden wird die Stadt von dem preußischen König *Friedrich Wilhelm I.,* dem Enkel des *Großen Kurfürsten,* für zwei Millionen Taler erworben.

10. August 1721 n. Chr. Einzug des Königs in Stettin; es beginnt eine neue Blütezeit, in der *Friedrich Wilhelm I.* die Festungsanlagen ausbauen läßt und den Bau einer Reihe stattlicher Gebäude, z. B. das Berliner Tor und das Königstor, das Ständehaus der Pommernschen Ritterschaft, das Wietzlowsche Palais am Roßmarkt u. a., veranlaßt.

Inneres der Schloßkirche. Das Stettiner Gotteshaus gilt als älteste protestantische Kirche Pommerns. Sie entstand im späten 16. Jahrhundert.

1765 n. Chr. Der preußische König läßt die Wasserstraße seewärts vertiefen und gründet *Swinemünde* als Vorhafen von Stettin. Eine lebhafte Schiffbautätigkeit setzt ein, zusammen mit dem Aufkommen erster Industrieunternehmen, die Handel und Wandel in die Stadt bringen. Stettin wird größter Seehafen Preußens und die Bürger Stettins danken dem König dadurch, daß sie ihm ein Denkmal setzen, das man heute noch auf dem Königsplatz in Augenschein nehmen kann.

25. September 1786 n. Chr. *Friedrich Wilhelm II.* wird Nachfolger von *Friedrich dem Großen.*

1797 n. Chr. Stettin zählt rund 18 000 Einwohner und besteht aus 1 182 Häusern, von denen die meisten in den 50 Jahren davor erbaut wurden.

1806 n. Chr. Die Truppen *Napoleons* belagern die Stadt, die Festung muß an die Franzosen übergeben werden. Eine siebenjährige Besatzungszeit beginnt, in der die Stettiner unter der französischen Fremdherrschaft sehr zu leiden haben. Der Handel geht völlig unter, die Bevölkerung verarmt.

5. Dezember 1813 n. Chr. Trotz eines harten Winters verteidigt die französische Armee die Festung erbittert. Erst nach einer zehnmonatigen Belagerung geben die französischen Truppen auf. Die Belagerung durch *Napoleon* ist beendet. General *von Plötz* zieht mit seinen preußischen Truppen in die befreite Stadt ein.

Kapitänshäuser am Hafen.

Städtisches Verwaltungsgebäude in der Magazinstraße.
Seite 78/79: Oderstimmung.

1814 n. Chr. Eine neue Periode in der Stettiner Stadtgeschichte beginnt. Der Wohlstand Stettins war durch die Fremdherrschaft und die Belagerung völlig vernichtet. Ein Hindernis für die wirtschaftliche Entwicklung stellte der Festungsgürtel dar, der die äußere Ausdehnung lange Zeit beschränkte.

1843 n. Chr. Eröffnung der Eisenbahnstrecke Berlin–Stettin.

1845 n. Chr. König *Friedrich Wilhelm IV.* genehmigt die Erweiterung der Stadt im Süden durch Hinausschieben der Festungsanlagen.

1845-1870 n. Chr. Entstehung der »Neustadt«.

1851 n. Chr. Gründung der Vulcan-Werft, die in der Zeit vor dem 1. Weltkrieg zur größten ihrer Art auf dem europäischen Kontinent heranwachsen sollte.

1873 n. Chr. Endgültige Beseitigung des Festungsgürtels. Durch die Entfestigung kommt es zu einem enormen Bevölkerungszuwachs.

1900 n. Chr. Eingemeindung von Grabow, Bredow, Nemitz.

1914 n. Chr. Eröffnung des Großschiffahrtsweges Berlin–Stettin.

1914-1918 n. Chr. Erster Weltkrieg

1929 n. Chr. Zusammenbruch der Vulcan-Werft. Die Arbeitslosigkeit steigt in allen Industriezweigen rapide an.

1937 n. Chr. Fertigstellung der Reichsautobahn Berlin–Stettin.

1939-1945 n. Chr. Zweiter Weltkrieg

1939 n. Chr. Kurz nach Kriegsbeginn kommt es durch die Eingemeindung von 40 Ortschaften zu einem Anstieg der Einwohnerzahl. Stettin wird mit 382984 Einwohnern Großstadt und damit drittgrößte Stadt Deutschlands.

1943 n. Chr. 700-Jahr-Feier zur Stadtgründung. Die Altstadt wird durch Luftangriffe der Engländer und Amerikaner zerstört.

1945 n. Chr. Stettin wird zur Festung erklärt und die Bevölkerung evakuiert.

26. April 1945 n. Chr. Stettin wird von der Roten Armee besetzt und gibt nach kurzem Kampf auf. Die Stadt, die zu 70 % zerstört wurde, gleicht einem Trümmerhaufen. Stettin wird nach den in Potsdam getroffenen Vereinbarungen der Siegermächte unter polnische Herrschaft gestellt. Die bis 1945 immer rein deutsch gewesene Bevölkerung mußte innerhalb kürzester Zeit ihre Heimat verlassen.

1948 n. Chr. In Pommerns Metropole leben nur noch 440 Deutsche bei 400000 Einwohnern.

1953 n. Chr. Die Hansestadt Lübeck übernimmt die Patenschaft für Stettin und bietet den Vertriebenen Hilfe an.

1954 n. Chr. beginnt der Wiederaufbau der Stadt, die sich zum größten Seehafen und zu einer der bedeutendsten Industriestädte Polens entwickelte.

1991 n. Chr. Abschluß der deutsch-polnischen Friedensverträge, in denen die Oder-Neiße-Linie als Grenze zwischen Polen und dem 1990 wiedervereinigten Deutschland offiziell anerkannt wird.

LITERATURHINWEISE

Cnotka, H.-G.: *Reiseführer Stettin.* Leer 1991.

Engel, H.-U.: *Pommern – Unvergessene Heimat.* Würzburg 1990.

Freyer, R./Granzow, K.: *Reise durch Pommern.* Würzburg 1993.

Gudden-Lüddeke, I. (Hrsg.): *Chronik der Stadt Stettin.* Leer 1993.

Hinz, J.: *Pommern – Wegweiser durch ein unvergessenes Land.* Würzburg 1991.

Knape, W.: *Reiseführer Pommern: Vorpommern, Mittelpommern, Stettin und Odermündung.* Würzburg 1993.

Vollack, M.: *Stettin und Mittelpommern in Farbe: Land an Oder und Ostsee.* Würzburg 1993[2].

Wehrmann, M.: *Geschichte der Stadt Stettin.* Reprint Augsburg 1993.

QUELLENVERZEICHNIS

Die Beiträge der *Historischen Streifzüge durch Stettin* in der Reihenfolge ihres Erscheinens im Text:

Wanderungen an der Ostsee: Stettin von Wilhelm Cornelius aus: Theodor von Kobbe/ Wilhelm Cornelius: *Wanderungen an der Nord- und Ostsee.* Reprint Frankfurt am Main 1982.

Aufenthalt in Stettin aus: *Der Fremdenführer durch Stettin, Swinemünde und die Insel Rügen.* Stettin 1845.

Stettin – eine Hafenstadt von K.Gehrmann aus: *Wir Pommern.* Reprint Würzburg 1989.